D0886669

Date: 2/24/15

SP J BIO SAN MARTIN
Basch, Adela,
Conoce a José de San
Martín = Get to know José de

PALM BEACH COUNTY
LIBRARY SYSTEM
3650 SUMMIT BLVD.
WEST PALM BEACH, FL 33406

Conoce a • Get to Know

José de San Martín

Adela Basch

Ilustraciones • Illustrations
Paola De Gaudio

ALFAGUARA

Traducción • Translation
Joe Hayes & Sharon Franco

A Luciana Murzi

2

To Luciana Murzi

Un hombre mayor recuerda
momentos de su existencia.
Y ve que hoy nada lo alegra
tanto como su nieta.
Vienen a su memoria
escenas de combates,
de luchas y de guerras,
que siempre se debaten
en derrotas o victorias,
y de pueblos que claman
por ver libres sus tierras.

4

An old man sits and remembers
the great moments of his life.
But today it's his little granddaughter
that gives him the greatest delight.
His mind sees wars and battles,
conflicts long ago settled
in victory or in defeat,
and many people who clamored
to see their lands made free.

5

En cualquier lugar del mundo,
una niña juega, juega.
Y en solo un segundo
un universo despliega.
Con sus juegos logra
que lo inmóvil se mueva.
Nada falta, nada sobra,
cuando el juego reina.

Las ramas de un árbol
pueden ser cabellos
que las aves peinan.
Un madero es un carruaje
para quien juega y sueña
que emprende algún viaje.
Y una sencilla piedra
es un monte salvaje
si la imaginación se adueña.

6

Anywhere you look in the world
a child will play and play
and a whole universe unfurls
in the single blink of an eye.
With her imagination it's easy
to move all with a wave of the hand.
Nothing's extra, nothing's needed,
when the playful mind commands.

The branches of a tree
can be waving hair
brushed by the birds.
For a child at play,
a piece of wood can be a carriage
that spirits her away
when she dreams of a voyage.
A common little rock
is a wild mountaintop
if the imagination holds sway.

7

La niña muy poco sabe
del ayer de su abuelo.
Soldados, armas, naves,
roja sangre vertida
y un inmenso anhelo:
vencer lo que impida
ver libre su suelo.
Pero la niña, como todo chiquillo,
sabe mucho de juegos.

Y de las cosas de la vida,
¿qué sabe el abuelo?
Sabe de amores y despedidas,
de libres y heroicas ansias
y de cerrar mil heridas;
de atravesar distancias
con piernas decididas;
de galardones y premios
y también que en la infancia,
en la de todos los niños,
jugar es tan serio
como recibir cariño.

8

The child knows very little
of the life her grandfather led,
of soldiers, ships, and weapons,
of men who fought and bled,
and the fierce desire to conquer
all that stood in the way
of freedom in his land.
The girl, like any child,
only her games understands.

And Grandfather, what does he know
about life's great scenes?
He knows about love and departures,
he knows what heroism means,
how to heal a thousand wounds,
how to travel long and far
on legs that go on marching,
of medals, awards, and stars.
And he knows that in childhood,
and for children everywhere,
to play is just as essential
as to receive affection and care.

Don José atiende visitas,
la niña juega con muñecas,
solo los separa o los une una puerta.
No sabemos de qué conversaría
don José con otras personas grandes.
¿De política? ¿De economía?
¿De recuerdos del cruce de Los Andes?
¿De algún regimiento de caballería?
¿De la situación presente o de cosas de antes?
¿De los problemas de la ciudadanía?
Seguramente, el tema era importante
o, al menos, a ellos así les parecía.

Don José receives guests who have shown up.
The girl plays with her dolls.
A door separates her and the grown ups.
The voices pass through the walls.
But what do adults talk about?
Economic or political forces?
Crossing the Andes on foot?
A cavalry troop and its horses?
What's happening now, or past times?
The problems the citizens find?
Surely, it must be important,
or at least so it seems in their minds.

El abuelo atiende a sus visitas
y la niña atiende a su muñeca.
Y, de pronto, llora la chiquita
y la gran conversación se seca.
Don José se apresura a abrir la puerta:
ve a la niña con su desconsuelo.
Las lágrimas tienen su cara cubierta
por un transparente velo.
Rápidamente ella acierta
a correr a los brazos de su abuelo.

"¿Qué te ocurre, Merceditas?
Dime por qué vino el llanto.
¿Algo te aflige o te irrita?
¿Qué es lo que te apena tanto?"

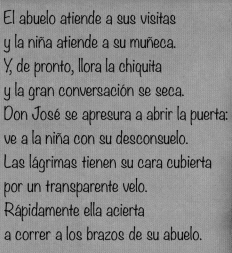

The grandfather attends to his guests.
The little girl attends to her doll.
Suddenly, the little one is crying,
and the great conversation is stalled.
Don José hurries to open the door.
He sees the child's dismay.
Like a transparent veil
the wet tears cover her face.
And then quickly the girl runs
to her grandfather's warm embrace.

"Merceditas, what's wrong?
What could have made you cry?
Is something hurting you?
You're upset, please tell me why."

"Se ha rasgado el vestido
que cubría a mi muñeca.
Ella ya no tiene abrigo
y temo que enferme y muera."

José piensa un momento
y su rostro se ilumina.
Ha tenido un pensamiento
que a la tristeza hará trizas.

"Es un problema importante,
es muy grave y es muy serio.
Pero aguárdame un instante,
pues yo ya tengo el remedio."

La niña aún está triste,
pero sonríe por dentro.
Por suerte el abuelo existe;
¡y hablar con él es tan bueno!

14

"It's the dress that covers my doll.
See how it's been torn?
I'm afraid she'll get sick and die
with nothing to keep her warm."

José thinks about it for a moment
and then his old face brightens.
He's come up with a good idea
to make her sadness lighten.

"This is quite a serious problem,
very important indeed.
But if you'll give me just an instant
I think I have what you need."

The little girl is still a bit sad,
though she's smiling to herself.
She knows she's lucky to have a granddad,
and talking to him really helps.

15

Don José regresa pronto
y trae consigo un objeto
tan redondo y deslumbrante
que, sin duda, es un tesoro.
Y a él se adhiere, colgante,
una cinta de colores
que tiene roja una parte
y otra, amarillo radiante
que resplandece y que brilla
como si fuera de oro,
y que es muy ancha y extensa
para la niña y sus ojos
que ven una tela inmensa.

"Toma, pequeña, este abrigo
y pónselo a tu muñeca,
para que no sufra frío
y su salud sea perfecta."

La niña ya está contenta:
su muñeca se ha salvado.
Tiene nueva vestimenta,
¡la que su abuelo le ha dado!

"Ahora, mi Merceditas,
con tu muñeca vestida,
atenderé a mis visitas
ya que ha vuelto tu sonrisa."

Don José is back in an instant.
He's bringing something out.
It's something round and shiny,
some sort of treasure, no doubt.
A bright colored ribbon is hanging
from the object in his hand;
one part of it is a vibrant red,
the rest is a yellow band.
The yellow shines forth so strong and bold;
it shimmers and glimmers as if it were gold.
The long wide cloth, with colors so intense,
to the little girl's eyes
looks truly immense.

"Here, my child, take this wrap
and put it on your doll
so that she won't be shivering,
and she'll be healthy and whole."

Now the girl is happy.
Her doll will feel better this way
in her brand new outfit.
Her grandfather saved the day!

"And now, little Merceditas,
your doll is dressed, my dear.
I'll go back to talk to my guests
since your smile has reappeared."

17

La niña corre, dichosa,
a continuar con sus juegos.
Y se la ve más hermosa:
se han disipado sus miedos.

Unos momentos después,
la madre de la pequeña,
que es hija de don José,
se sorprende cuando encuentra
a una de las muñecas
cubierta con una tela
que ella conoce muy bien:
es la cinta que acompaña
una medalla ganada
cuando él combatió en Bailén.

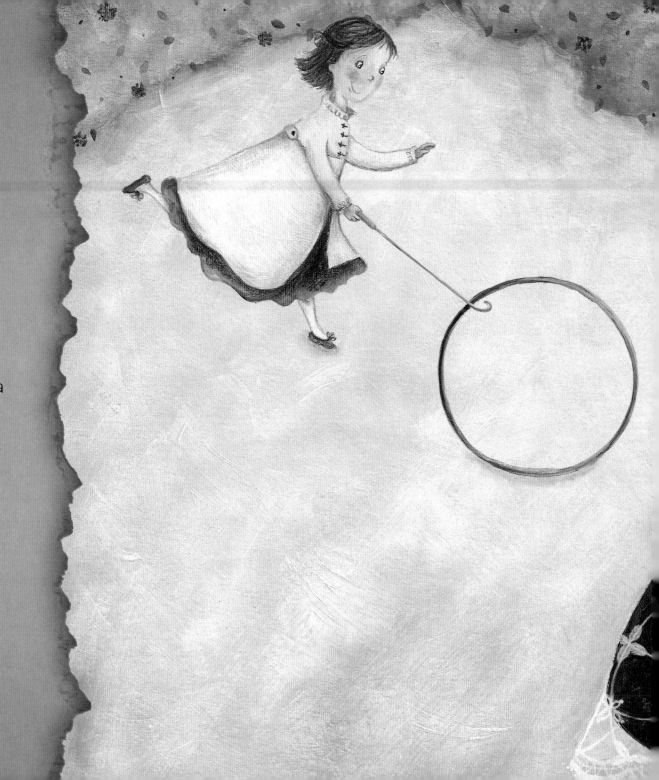

The little girl runs off happily
to continue with her play
and she looks even prettier now
that her fear has passed away.

And then, a little later,
the little child's mother,
who is don José's daughter,
is surprised to discover
that one of her child's dolls
is now wrapped in a cloth
she's seen many times before.
It's the ribbon holding the medal
he won at Bailén,
for his victory in a long-ago war.

19

Entonces vivía en España
y, siendo un joven solamente,
su conducta destacada,
su arrojo, su gran valor
y su accionar excelente
en el campo de batalla
lo hicieron merecedor
de su primera medalla.

At that time, he lived in Spain
and although he was still young,
his conduct was outstanding,
he was both brave and strong.
His excellence at serving
on the field of battle
made him quite deserving
of receiving his first medal.

"Padre, ¿cómo es posible
que ya no esté en la vitrina
esa condecoración?
Me parece inconcebible
que ahora una chiquilina
la use como diversión."

"¿De qué sirven, hija mía,
un premio o un galardón
si no brindan alegría
a una pequeña niña
que siente desolación,
si no logran que se tiña
de júbilo su corazón?"

"Father, how can it be
that your medal's not displayed
in the glass case for all to see?
I must say I'm dismayed
that a child uses it for fun.
I can't believe what you've done!"

"Oh, my daughter,
what's the good of a medal or prize
if it can't cheer up a little girl
and dry the tears in her eyes,
if when she's upset and sad,
it can't whisk away her trouble
and make her heart feel glad?"

23

En ese instante preciso
saetas de muchos colores
se lanzaron sin permiso
sembrando estrellas y flores.
Y una concepción distinta
del sentido de las cosas
sin usar papel ni tinta
se escribió, maravillosa,
en la tierra y en el cielo
como herencia fabulosa
de don José, un abuelo,
que muchos años atrás
combatió por la libertad
de tres naciones andinas
que lucharon con dignidad:
Chile, Perú y Argentina.

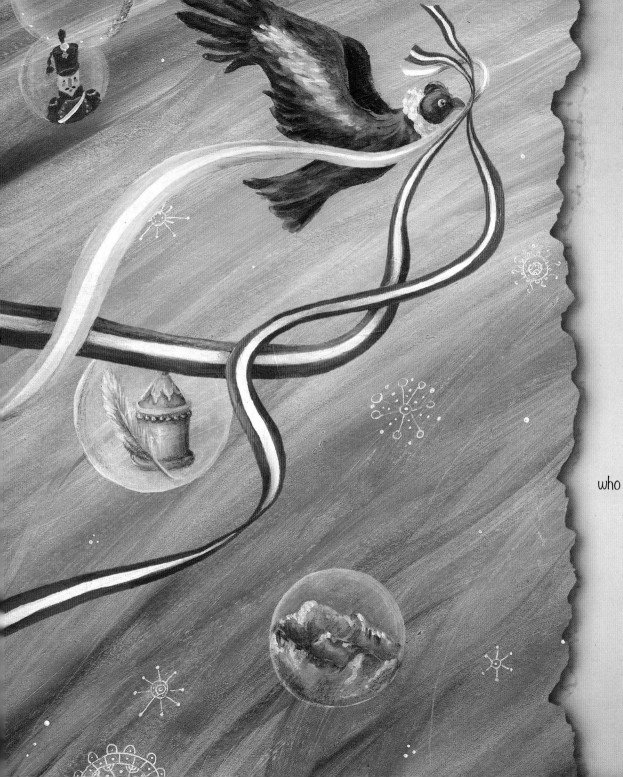

At that very instant
colored rockets showered
across the firmament,
spreading stars and flowers.
And a different definition
of what truly is important
was written as if by a magician
before people's eyes,
without use of ink or paper,
on the land and in the skies.
It was a fabulous legacy
of don José, a grandfather
and military leader too,
who fought for the freedom of three countries:
Argentina, Chile, and Peru.

25

Adela nos habla de
José

Siempre he considerado que José de San Martín es mi amigo, y también el de muchísimas otras personas, porque me parece que debe ser amigo de todos los seres humanos que deseen el bienestar, la paz y la felicidad para sí mismos y para los demás.

José nació el 25 de febrero de 1778 en una pequeña localidad de lo que en un tiempo fue el Virreinato del Río de la Plata y hoy es Argentina. Su padre era un militar español enviado como "teniente gobernador" de una parte del inmenso territorio que en ese momento pertenecía a España. La familia regresó a España cuando José tenía apenas seis años. Allí se formó como militar y comenzó una brillante carrera. A pesar de haber permanecido poco tiempo en su tierra natal, entabló con ella un lazo muy poderoso, tan poderoso, que cuando en su patria comenzó la lucha por la independencia, no dudó en dejar la posición que tenía y embarcarse rumbo a América para ofrecer a sus compatriotas sus conocimientos militares.

A mí me bastó con conocer algunos aspectos de su vida y leer algunas de sus cartas para sentir que nuestra amistad era verdadera. Por ejemplo, me asombró que siendo un militar dijera: "La biblioteca destinada a la educación universal es más poderosa que nuestros ejércitos".

Aún ahora, cuando ya hace muchos años que somos amigos, me impresiona su capacidad para creer en sus sueños y luchar por ellos, sin dejarse desanimar por las dificultades ni por las opiniones de los demás.

También admiro su gran generosidad. Con frecuencia donaba parte de su sueldo a su país, porque, aunque no era rico, consideraba que otros tenían mayores necesidades que él. Y cuando recibía premios en dinero, los destinaba a fundar bibliotecas u hospitales. Y en muchos aspectos fue un precursor con ideas de avanzada para su época. Por ejemplo, creía que todos, hombres y mujeres, tenían el mismo derecho a recibir educación.

Además de su integridad y nobleza interior, había en él otro rasgo que favoreció nuestra amistad: durante toda su vida demostró tener un gran sentido del humor.

Junto a Simón Bolívar, con quien compartió ideales y luchas, fue uno de los grandes hombres que dieron todo lo que tenían a su alcance para que los pueblos de Hispanoamérica se emanciparan y vivieran en libertad.

Por eso, no importa que no nos hayamos conocido personalmente, ni que él naciera en 1778 y muriera en 1850, mucho antes de que yo viniera al mundo. Su obra libertadora perdura al igual que sus palabras y las ideas que lo guiaron. Y nada puede impedir nuestra amistad.

27

Adela Talks about José

I have always considered José de San Martín to be a friend of mine, and of many other people as well, because it seems to me that he must be the friend of all human beings who desire well-being, peace, and happiness for themselves and for others.

José was born on February 25, 1778, in a small town in what was once called the Viceroyalty of the Río de la Plata, and which is now called Argentina. His father was a Spanish military officer who served as lieutenant governor of a part of the immense territory controlled by Spain at that time. The family returned to Spain when José was just six years old. There he trained as a soldier and began a brilliant career. Although he had spent little time in his native land, he had formed a strong bond with it, a bond so powerful that when his homeland began to fight for independence, he didn't hesitate to resign his post and sail off to America to offer his countrymen his military knowledge.

For me, it was enough to learn about some aspects of his life and read some of his letters to feel that our friendship was real. For example, I was surprised that as a military man he would say, "The library intended for universal education is more powerful than our armies."

Even now, after we have been friends for many years, I am impressed by his ability to believe in his dreams and fight for them, without allowing himself to be discouraged by difficulties or by other people's opinions.

I also admire his great generosity. He often donated part of his pay to his country, because, even though he wasn't rich, he believed that other people's needs were greater than his own. And when he was granted monetary rewards, he used them to establish libraries and hospitals. And in many ways he was a visionary, with ideas that were very advanced for his time. For example, he believed that all people, both men and women, had equal rights to education.

In addition to his integrity and inner nobility, there was something else in him that promoted our friendship: throughout his life he demonstrated that he had a great sense of humor.

Along with Simon Bolivar, with whom he shared ideals and struggles, he was one of the great men who gave everything in his power so that the peoples of Latin America might liberate themselves and live in freedom.

For this reason it doesn't matter than we never met personally, nor that he was born in 1778 and died in 1850, long before I arrived in the world. His work for liberty endures, as do his words and the ideals that guided him. And nothing can interfere with our friendship.

29

Glosario

acierta (acertar): Hacer o elegir una cosa que resulta ser lo correcto o lo mejor.

andinas: Que están en la cordillera de Los Andes, en América del Sur, o en sus alrededores.

anhelo: Deseo fuerte o intenso de obtener una cosa.

arrojo: Actitud de la persona que no se detiene ante situaciones peligrosas.

caballería: Cuerpo del ejército compuesto por soldados montados a caballo o en vehículos motorizados.

claman (clamar): Pedir o desear algo con desesperación.

combatió (combatir): Pelear o luchar.

concepción: Significado.

condecoración: Premio o distinción que se da a alguien por sus logros.

debaten (debatir): Discutir o pelear por alguna cosa.

derrota: Efecto de perder en una competencia o en una lucha.

desconsuelo: Enorme tristeza o falta de ánimo por una pena o un disgusto.

deslumbrante: Que brilla con mucha intensidad o causa una gran impresión.

desolación: Sensación desagradable causada por una angustia o tristeza grande.

dignidad: Cualidad del que se comporta con seriedad, responsabilidad y respeto hacia sí mismo y hacia los demás.

disipado (disiparse): Desaparecer.

herencia: Lo que alguien les deja a otros al morir.

impida (impedir): Hacer que algo no suceda o no sea posible realizarlo.

inconcebible: Que no se puede entender o aceptar.

júbilo: Alegría muy intensa que se nota con facilidad.

regimiento: Grupo grande de soldados compuesto por varios batallones, o grupos más pequeños.

saetas: Flechas.

trizas: Trozos o pedazos muy pequeños.

velo: Cosa que cubre otra y no la deja ver con claridad.

vertida: Derramada.

victoria: Hecho de ganar en una competencia o en una lucha.

Glossary

cavalry: soldiers who fight on horseback

clamored: cried out loudly to demand

commands: gives orders, is in charge

dismay: confusion and disappointment

embrace: to hug, to hold close

essential: very important, can't be left out

firmament: the sky, especially the whole big dome of the sky

holds sway: is in command

instant: a very short time, a moment

integrity: strength of character, ability to live up to one's values

intense: very bright or strong

immense: extremely large

legacy: something handed down to new generations

monetary: involving money

transparent: can be seen through

unfurls: unfolds or spreads out, as with a flag or a piece of cloth

universal: for everyone

visionary: someone who is ahead of his or her time and imagines good new things

Adela Basch

Adela Basch nació en Buenos Aires, Argentina, y estudió letras en la Universidad Nacional de Buenos Aires. Comenzó escribiendo teatro infantil, y muchas de sus obras se han puesto en escena. También ha escrito cuentos, poesías y novelas. Además, es editora y dedica gran parte de su tiempo a dictar y coordinar talleres de promoción de la lectura y la literatura infantil en su país. Ha recibido numerosos premios y reconocimientos, entre los cuales se destaca una mención en el Premio Nacional de Literatura Infantil, en 1995.

Adela Basch was born in Buenos Aires, Argentina, and studied arts in the National University of Buenos Aires. She started out writing children's plays, and many of her works have been produced for the stage. She has also written stories, poems, and novels. In addition, she is an editor and dedicates part of her time to teach and coordinate workshops to promote reading and children's literature in her country. She has received many awards and honors. One of the most outstanding among them is an honorable mention in Argentina's National Prize for Children's Literature in 1995.

© This edition:
2014, Santillana USA Publishing Company, Inc.
2023 NW 84th Avenue
Doral, FL 33122, USA
www.santillanausa.com

Text © 2012, Adela Basch

Managing Editor: Isabel C. Mendoza
Art Director: Jacqueline Rivera
Design and Layout: Grafika LLC
Illustrator: Paola De Gaudio
Translators (Spanish to English): Joe Hayes and Sharon Franco

Alfaguara is part of the **Santillana Group**, with offices in the following countries:

Argentina, Bolivia, Brazil, Chile, Colombia, Costa Rica, Dominican Republic, Ecuador, El Salvador, Guatemala, Mexico, Panama, Paraguay, Peru, Portugal, Puerto Rico, Spain, United States, Uruguay, and Venezuela

The publisher and the author thank Juan Soriano Izquierdo, Alfonso Rojas Salcedo, Fernando Abeilhe, and Luis Esteban for their kind collaboration on the research about the Battle of Bailén for the illustration of this book.

Conoce a José de San Martín / Get to Know José de San Martín
ISBN: 978-1-61435-349-2

All rights reserved. No part of this book may be reproduced, transmitted, broadcast or stored in an information retrieval system in any form or by any means, graphic, electronic or mechanical, including photocopying, taping and recording, without prior written permission from the publisher.

Published in the United States of America
Printed in China by Global Print Services, Inc.

20 19 18 17 16 15 14 13   1 2 3 4 5 6 7 8 9 10